AF468496

MÉMOIRE

ADRESSÉ

A MM. LES ACTIONNAIRES

DE

LA COMPAGNIE CONTRE L'INCENDIE

L'OUEST

NANTES

IMPRIMERIE VINCENT FOREST ET ÉMILE GRIMAUD

PLACE DU COMMERCE, 4

—

1876

MÉMOIRE

ADRESSÉ

A MM. LES ACTIONNAIRES

DE

LA COMPAGNIE CONTRE L'INCENDIE

L'OUEST

Après avoir obtenu de MM. Lebeaupin, Hennau, Livet, Bertin, de Broca et Morin la promesse qu'ils acceptaient les fonctions de Fondateurs, pour créer à Nantes la Décentralisation de l'Assurance, sous la dénomination de l'*Ouest,* Compagnies d'Assurances contre l'Incendie et sur la Vie, d'après un système de combinaisons nouvelles, allant jusqu'à la gratuité de l'Assurance pour la classe ouvrière, — je rédigeai des Statuts qui furent acceptés et déposés ensuite par MM. les Fondateurs en l'étude de Me Billot, notaire à Nantes, le dix juin 1872.

Dans ces Statuts, j'acceptai la mission de placer les Actions formant le Capital des deux Compagnies d'Assurances, moyennant la somme de Deux Cent Mille francs, répartie comme il est dit article 24 des Statuts, Compagnie Incendie, et article 27, Compagnie Vie.

Pour conduire à bonne fin une entreprise aussi considérable, je m'adressai à cet effet à un groupe de personnes des plus honorables et des plus dévouées aux intérêts du pays ; elles me souscrivirent un Capital important qui me permit de réaliser cette souscription à la date du huit mars 1875.

A cette époque, tous les ennemis qui s'étaient acharnés à paralyser la création des Compagnies d'Assurances l'*Ouest*, se liguèrent pour empêcher les versements de s'effectuer. Des libelles adressés de Paris aux Actionnaires n'hésitèrent pas à traiter cette fondation d'ineptie ou de filouterie. Cette manœuvre empêcha l'encaissement du tiers du Capital.

La malveillance ne me découragea pas ; au contraire, je redoublai d'ardeur et je fus assez heureux pour replacer en quelques mois les Actions Incendie restées impayées : ce qui permit aux Fondateurs de constituer la Compagnie d'Incendie l'*Ouest*, le quinze septembre 1875.

L'énergie que j'avais déployée pour arriver à un tel résultat, fit que MM. les Fondateurs déclarèrent à l'Assemblée générale des Actionnaires que j'avais bien mérité de la Société et que, sans vouloir l'influencer, ils croyaient que le Mandat de Directeur de la Compagnie serait bien placé entre mes mains. Une approbation unanime de l'Assemblée accueillit ces paroles, et le vingt septembre, MM. les Administrateurs nommés par l'Assemblée générale des Actionnaires me proclamèrent à l'unanimité Directeur de la Compagnie pour dix ans, aux appointements de quinze mille francs.

Cette décision fut inscrite au procès-verbal avec cette mention : Monsieur Lefebvre, qui accepte, déclare que, si la Société venait à se liquider, il renoncerait à toute demande de dommages-intérêts. Un traité établi sur ces bases sera échangé avec M. Lefebvre.

Dans la réunion du 1er octobre, je demandai au Conseil la ratification de mon traité ; on me pria d'attendre la rentrée à Nantes des membres composant le Conseil Judiciaire, pour le rédiger ; on ajoutait que ce retard ne pouvait me causer aucune crainte, puisque les termes en étaient arrêtés au procès-verbal de la séance du vingt septembre.

Quelques jours après, on m'invita dans un acte notarié, à faire les déclarations exigées du Directeur pour les formalités légales.

Le Conseil fit l'acquisition de l'immeuble qui sert de siège social, 12 bis, rue Mondésir ; on m'invita également, en ma qualité de Directeur, à signer l'acte d'acquisition, — le propriétaire de cet immeuble ne voulant pas vendre sans l'accomplissement de cette formalité.

Le Conseil m'ayant accordé une indemnité, pour le déplacement de mon mobilier, qui se trouvait à Paris, m'invita à l'aller chercher afin de m'installer au plus tôt.

Avant de partir, je voulus terminer les formalités légales. Je confiai également à quatre maisons importantes de Nantes l'impression des polices, des tarifs grands et petits, d'une annexe aux tarifs d'une étendue de 36 pages, contenant les instructions aux agents sur toutes les propositions d'assurances qu'on pourrait leur offrir, des propositions d'assurances, des affiches et la confection des registres de comptabilité afin que tout fût prêt à mon retour.

Le 16 octobre je me rendis à Paris, pour ramener mon mobilier.

Pendant mon séjour à Paris, je fis, sur l'ordre du Président du Conseil d'Administration, l'acquisition d'une caisse à triple serrure pour renfermer les valeurs de la Compagnie.

Je passai un traité provisoire pour la confection des plaques d'assurances, d'après un modèle émané de moi, me réservant de le soumettre à l'acceptation du Conseil d'Administration, ce qui eut lieu à mon arrivée.

J'obtins d'une Compagnie d'Assurances amie tous les modèles de sa comptabilité générale, et je rentrai à Nantes le 26 octobre. A mon retour, je m'empressai de faire établir des registres sur les modèles que j'avais apportés de Paris.

Le registre-répertoire exigé par la loi pour commencer les inscriptions d'assurances étant terminé et légalisé le 2 novembre, les Assurances ont été inscrites à partir du 3 novembre, soit six semaines après la constitution de la Société.

A partir de cette époque, où tous les obstacles étaient aplanis et la marche de la Société assurée, je rencontrai chez MM. Léquyer et Lebeaupin, administrateurs, nommés par le Conseil pour le service quotidien de la Société, une résistance absolue à tout ce que je proposais dans l'intérêt du fonctionnement rapide de la Compagnie; il me suffisait de demander quelque chose d'utile, pour essuyer un refus.

Les affiches étant imprimées depuis le commencement de novembre, au nombre de mille, je suppliai ces Messieurs de m'en remettre trois cents exemplaires pour les faire placarder dans les cent soixante-sept communes où nous avons des Actionnaires. Là encore j'éprouvai un refus.

Je proposai un traité pour les Directeurs divisionnaires cantonaux; il fut repoussé, et ces Messieurs y substituèrent un traité de leur composition.

Dans une réunion des administrateurs, tenue le huit novembre, dans le but de nommer les Directeurs divisionnaires, M. Léquyer m'invita à me retirer. Je fis observer au Conseil que dans toutes les réunions des administrations des Compagnies d'Assurances, le Directeur avait voix consultative, et cela dans le but d'éclairer les décisions du Conseil; il me fut répondu qu'on allait en délibérer.

Je me retirai alors. Après deux heures d'attente, on me pria de me rendre au sein du Conseil. Je croyais qu'il y serait question de mon observation relative à ma présence dans les réunions du Conseil, il n'en fut rien. On me fit seulement savoir que le Conseil, à l'unanimité, supprimait la durée de mon mandat, fixée par lui à dix ans, tout en me réservant les avantages attachés à mon titre de Directeur.

Comme je protestais pour le maintien de la lettre de mon traité, M. Hénau prit la parole pour demander au Conseil à ce que la question fût portée devant une Assemblée Générale des Actionnaires. Il ajoutait : « Si l'Assemblée ratifie par son vote la durée primitive du mandat de M. Lefebvre, je ne m'y opposerai pas. »

Je répondis immédiatement que j'acceptais la motion de M. Hénau, et que j'en passerais par tout ce que déciderait l'Assemblée Générale des Actionnaires.

M. Bruneteau, Conseil judiciaire de la Compagnie, intervint alors. « Vous n'avez pas, leur dit-il, à vous préoccuper des Actionnaires ; vous êtes souverains, et comme tels, vous avez le droit de trancher cette question. Si M. Lefebvre n'accepte pas votre proposition, je vous engage à le révoquer, séance tenante. »

Je protestai à nouveau contre des paroles aussi peu conciliantes ; après quoi on m'invita à me retirer. Une demi-heure après, je fus introduit une troisième fois dans la salle des délibérations, où M. Riom, vice-président du Conseil, me donna lecture (car jamais le Conseil ne voulut me donner communication par écrit de la moindre de ses délibérations, et le registre qui les contient était emporté après chaque séance du siége social), M. Riom me donna lecture d'une décision que la réunion venait de prendre, aux termes de laquelle on m'accordait quinze jours pour abandonner la durée de mon traité. Si dans ce délai, je n'avais pas consenti, MM. Léquyer et Lebeaupin prendraient les rênes de la Direction, et je devrais, à cet effet, leur remettre tous les papiers et registres concernant la Compagnie.

La lecture finie, je protestai énergiquement contre une mesure qui n'atteignait pas seulement le Directeur mais encore les intérêts de la Compagnie.

On ne tint aucun compte de ma protestation et le Conseil leva la séance sans avoir pris aucune résolution administrative concernant la marche de la Société et sans m'avoir donné le temps de lui présenter les Inspecteurs, que j'avais mandés tout exprès pour les mettre en relation avec les Administrateurs.

Le 18 novembre, dix jours après cette séance, j'écrivis une lettre à MM. les Administrateurs pour leur annoncer qu'après avoir bien réfléchi sur la situation qui m'était faite, à moi et à mes Actionnaires, je croyais rendre un service à la Compagnie en sacrifiant mes intérêts personnels aux intérêts généraux, et que dès lors j'acceptais les conditions nouvelles qui m'étaient faites.

Le 22 novembre, les Administrateurs se réunirent pour examiner ma réponse. Après deux heures et demie de séance, on me fit demander pour accepter non-seulement l'abandon de la durée de mon mandat, mais encore pour me faire consentir à diminuer le chiffre de mes avantages, si le besoin de la Société l'exigeait.

Comme je demandais à réfléchir jusqu'au lendemain sur cette nouvelle modification apportée, d'une manière inattendue, à mon traité, M. Léquyer me dit : « Si vous n'acceptez pas de suite cette proposition, nous allons ENCORE vous révoquer ! »

J'étais donc menacé de l'être deux fois.

C'est alors que M. Gérard, administrateur, prit la parole au nom du Conseil et me dit : « M. LEFEBVRE, ACCEPTEZ, ET NE PERDEZ PAS LA SOCIÉTÉ PAR VOTRE RETRAITE DE LA DIRECTION ; VOUS PARAISSEZ METTRE EN DOUTE LA BONNE FOI DE NOS INTENTIONS. VOUS POUVEZ ÊTRE ASSURÉ QUE NOUS SOMMES TOUS D'HONNÊTES GENS ET QUE NOUS N'AVONS QU'UN DÉSIR, QUI EST CELUI DE VOUS CONSERVER LE PLUS LONGTEMPS POSSIBLE COMME DIRECTEUR ; MAIS S'IL ARRIVAIT QUE, DANS UN AN OU DEUX, NOS INVENTAIRES DONNASSENT UN DÉFICIT IMPORTANT, NE CONSENTIRIEZ-VOUS PAS A RÉDUIRE VOS APPOINTEMENTS ? »

Je répondis aussitôt que ces paroles loyales me déterminaient à consentir à la réduction de mes avantages, si la situation exposée par M. Gérard se présentait.

Après avoir échangé ces paroles, le Conseil ratifia ma nomination de directeur aux appointements de quinze mille francs par an, sans durée déterminée. Une entente complète parut s'établir entre le Conseil et moi, car il m'invita à assister à la réunion pour donner mon avis sur les commissions à allouer aux Directeurs divisionnaires. Je proposai un tarif basé sur mes observations pendant la durée de mon organisation, mais il ne fut pas accepté par le Conseil, qui lui en substitua un autre.

Le 23 novembre, je renouvelai à MM. Léquyer et Lebeaupin, la demande de faire afficher dans les cent soixante-sept communes où nous avons des Actionnaires, puisque mille affiches étaient prêtes depuis le commencement de novembre. Je demandai aussi d'annoncer l'ouverture des opérations d'assurances, dans les journaux de Nantes, d'Angers, du Mans et des principales villes de la circonscription. Il me fut répondu qu'on y réfléchirait.

Le 27 novembre, nouvelle réunion des Administrateurs. MM. les Fondateurs de la Compagnie y étaient convoqués.

Après deux heures de séance, on me fit appeler pour recevoir des Fondateurs une mise en demeure d'avoir à replacer les Actions de la Compagnie d'Assurances sur la Vie, qui étaient restées impayées. M. Léquyer me demanda sur quels moyens je comptais pour terminer le placement des Actions.

Voici ma réponse : J'espérais, grâce à ma situation de Directeur, charger les Directeurs divisionnaires de la Compagnie d'Assurances Incendie, du placement de ces Actions. Il me fut accordé pour ce replacement jusqu'au premier juin 1876. Ce que j'acceptai, car il ne me restait que neuf cent vingt-quatre Actions disponibles, et avant deux mois j'espérais posséder plus de cent Directeurs divisionnaires, soit en moyenne neuf Actions à placer pour chacun d'eux.

Après mon acceptation, une entente générale s'établit, du moins en apparence, entre les Fondateurs, les Administrateurs et moi ; chacun paraissait désireux de voir au plus vite se créer l'Assurance sur la Vie, et me promettait le plus chaleureux concours pour me faciliter ma tâche.

Malgré cela, je pus dès le lendemain constater la même résistance à toutes mes vues chez MM. Léquyer et Lebeaupin, qui refusèrent encore, contre leurs promesses de la veille, de faire afficher dans les cent soixante-sept communes que je leur désignais.

Les choses en étaient là quand, le 10 décembre, le Conseil d'Administration réuni en séance, prit la résolution de me relever de mes fonctions de Directeur, et cela sans motifs, et nomma pour me remplacer MM. Léquyer et Lebeaupin.

Le 11, M. Léquyer me fit connaître par lettre la décision du Conseil, et dans l'après-midi du même jour il réunit les employés des bureaux pour leur signifier qu'ils n'avaient plus d'ordre à recevoir de moi, et que je n'étais plus Directeur.

Il s'empressa d'ajouter que le Conseil l'avait chargé de la Direction, et, comme pour obtenir les bonnes grâces du personnel, il lui annonça la résolution qu'il venait de prendre d'abréger d'une heure et demie par jour le travail des bureaux.

Après avoir congédié les employés, il se fit remettre par les chefs de service tous les registres et papiers de la Compagnie.

C'est ainsi que je fus dépossédé du mandat de Directeur qui m'avait été confié pour dix ans.

Je l'avais occupé pendant quatre-vingts jours.

Voilà vingt-trois ans que je remplis dans les assurances les fonctions de mandataire ou d'Inspecteur général. J'ai toujours recherché dans ces fonctions les moyens de perfectionner l'Assurance et d'en vulgariser les bienfaits en les faisant entrer jusque dans les classes les plus pauvres de la Société. Mais j'avoue mon impuissance en face de l'intrigue. Je suis et je resterai toujours d'une simplicité primitive, car il me répugne de croire à la méchanceté de mes semblables.

RÉSUMÉ.

L'exposé qui précède contient l'exacte vérité sur les faits qui se sont accomplis dans une période de trois ans et demi, depuis le jour où j'acceptai la mission de créer la Compagnie de l'Ouest, jusqu'au jour où l'on m'a relevé de mes fonctions de Directeur de cette Compagnie.

J'ai tenu à vous exposer la situation, pour justifier la confiance dont vous m'avez honoré pendant toute la durée de l'organisation. J'aurais cru manquer à mon devoir envers vous, si je vous avais caché l'état où se trouve actuellement la Compagnie, et les dangers qu'elle peut courir.

Comme vous avez pu le voir dans mon exposé, je me suis trouvé dès le principe aux prises avec des difficultés énormes que faisaient surgir, d'une part, les ennemis de tout progrès, et d'un autre côté des intérêts rivaux et jaloux. J'avais lieu de penser, après le succès inespéré de mon entreprise, que je désarmerais les ennemis de toute sorte qui s'étaient ligués contre la jeune Compagnie, et, si l'on m'avait dit, le jour de la constitution de la Société, alors que je recueillais dans les approbations unanimes des Actionnaires la récompense de mon travail et de mon énergie, si l'on m'avait dit alors que je retrouverais au sein même du Conseil d'Administration une hostilité d'autant plus grande qu'elle était augmentée par la convoitise, je n'aurais jamais pu le croire.

C'est pourtant ce qui arriva.

Cette hostilité se manifesta à mon retour de Paris. Je ne sais à quel courant on avait obéi pendant mon absence; mais il est certain qu'à mon retour je ne trouvai point chez les Administrateurs délégués au service quotidien de la Compagnie les mêmes dispositions d'esprit qu'avant mon départ.

J'avais, avant de partir pour Paris, donné des ordres pour que tous les imprimés fussent prêts à mon retour et que la publicité indispensable à toutes les grandes entreprises pût être commencée.

Des affiches au nombre de mille étaient imprimées; restait à les faire placarder. Je demandai au Conseil d'Administration de commencer l'affichage, sinon dans toute l'étendue de la circonscription, au moins dans les cent soixante-sept communes où nous possédons des Actionnaires.

On me répondit par un refus et je ne pus jamais obtenir que cet affichage eût lieu, bien que la dépense en eût été faite.

La raison de ce refus, que je cherchai longtemps, me fut révélée par le fait même de ma révocation.

Mon nom figurait sur ces affiches; on ne voulait pas qu'il servît à patronner une œuvre que j'avais créée.

Vint le traité à passer avec les Directeurs divisionnaires cantonaux; ce traité, semblable à ceux de toutes les compagnies, fut rejeté par le Conseil à cause de la sévère garantie qu'il exigeait; on trouva bon d'en rédiger un autre qui désarme complétement la Compagnie en cas d'infraction.

Une fois engagé dans cette voie, le Conseil n'osa plus reculer. Chaque jour m'apportait un échec; il suffisait en effet que j'émisse une opinion sur telle ou telle mesure administrative à prendre, pour qu'immédiatement je la visse combattue et le plus souvent repoussée.

Il est d'usage dans toutes les Compagnies d'Assurances que le directeur ait voix consultative au Conseil d'Administration. Cet usage, consacré par la pratique, a sa raison d'être en ce que le Directeur, étant plus au courant des affaires quotidiennes de la Société, se trouve par sa compétence même en mesure d'éclairer les délibérations du Conseil.

Ces délibérations, auxquelles j'avais toujours assisté jusqu'au 8 novembre, me furent interdites. On me pria de me retirer au moment où le Conseil entrait en séance, et comme je faisais remarquer le côté dangereux d'une décision administrative prise en l'absence du Directeur, on me répondit qu'on allait en délibérer.

Le motif pour lequel on m'excluait du Conseil s'explique aujourd'hui. Chaque fois, en effet, que le Conseil s'est réuni, ce n'était uniquement que pour prendre des mesures vexatoires à mon égard. Quant aux choses de l'Administration de la Compagnie, on n'y pensait même pas. Ce qu'on voulait avant tout, c'était jeter à bas son Directeur, et le travail était assez laborieux pour remplir à lui seul les séances du Conseil.

J'en trouve une preuve éclatante dans le fait que voici : le huit novembre, après m'avoir dit que le Conseil allait délibérer sur l'observation que je lui faisais touchant mon exclusion de la salle des délibérations, on m'invita à rentrer au sein du Conseil, non pour me faire connaître si l'on avait pris ou non ma demande en considération, — mais tout simplement pour me notifier que le Conseil venait de prendre la décision, qu'à partir de ce jour il supprimait la durée de mon mandat, qu'il avait fixée le vingt septembre à dix ans.

C'était un premier pas fait vers ma révocation. On m'avait donné quinze jours pour réfléchir. Les intérêts des Actionnaires me parurent menacés.

On m'avait dit tant de fois que, si je prenais ma retraite, c'en était fait de la Compagnie, que cette perspective seule me décida à accepter la proposition du huit novembre, sans prendre souci de mes intérêts personnels.

J'écrivis donc, le 18 novembre, une lettre motivée aux Administrateurs pour leur annoncer que j'acceptais la situation nouvelle qui m'était faite.

Le 22 novembre, les membres du Conseil d'Administration réunis en séance pour examiner la réponse que je leur avais faite, après avoir délibéré pendant deux heures, me firent appeler pour me faire une communication importante.

On voulait savoir si je consentirais à la réduction des avantages qui m'avaient été réservés dans la réunion précédente, pour le cas où la situation de la Compagie l'exigerait.

Indisposé que j'étais par la guerre qu'on me faisait tous les jours, je me récriai tout d'abord.

C'est alors que M. Gérard prit la parole au nom du Conseil, et, dans des termes qu'on trouvera soulignés dans l'Exposé, combattit mon hésitation.

La loyauté de ces paroles émues me fit acquiescer à cette nouvelle exigence, et le Conseil, qui me tenait pour un homme avare et âpre au gain, dut voir que je savais, quand les intérêts de la Compagnie étaient en jeu, faire le sacrifice de mes avantages.

Plus clairvoyant, il aurait dû s'en apercevoir plus tôt, car je n'ai jamais porté sur le compte de la Compagnie les frais de voyage et de séjour à Paris du chef de bureau de la Société, que j'avais emmené avec moi pour le mettre au courant de la comptabilité des grandes Compagnies d'Assurances.

Le 25 novembre, le Conseil d'Administration avait convoqué en séance les Membres Fondateurs de la Société. C'était la première fois qu'une pareille convocation avait lieu. Il devait s'agir tout naturellement d'une autre mesure à prendre contre moi.

Quelle était-elle?

Pour arriver plus vite à la constitution de la branche Incendie, j'avais dû négliger le replacement des Actions Vie, qui étaient restées impayées, on sait par quelle manœuvre; du 15 septembre au 27 novembre, je m'étais occupé spécialement de l'organisation des services de la Compagnie contre l'Incendie, et l'on aurait été bien osé de m'accuser d'inactivité quand, dans le court espace de six semaines, j'avais réussi à mettre le service des bureaux en plein fonctionnement.

C'est pourtant une quasi-accusation d'inactivité que portait contre moi le Conseil d'Administration auprès des Fondateurs, lorsque ceux-ci m'enjoignirent, sur les observations des Administrateurs, d'avoir à replacer à bref délai les Actions *Vie*, restées impayées. J'obtins après explication un délai de six mois pour réaliser cette souscription, et l'on m'accorda, après s'être assuré des moyens que j'avais par devers moi, le concours des Directeurs divisionnaires non appointés de la Compagnie. Les Membres Fondateurs avaient pu du reste se convaincre que, malgré le travail considérable de l'organisation des services de la Compagnie Incendie, je n'avais pas entièrement négligé la Compagnie Vie, puisque du 15 septembre au 27 novembre j'avais replacé plus de deux cents Actions.

J'étais loin de penser, après l'entente qui paraissait si complète entre nous lors de cette dernière convention, qu'à 12 jours de distance le Conseil d'Administration m'enlèverait précisément les moyens dont il s'était enquis près de moi pour arriver à la constitution de la branche

Vie, et qu'il prendrait la grave détermination de me relever de mes fonctions.

Cette détermination fut prise le 10 décembre et me fut notifiée le 11. Ma surprise fut d'autant plus grande que j'avais fait toutes les concessions qu'on m'avait demandées et que je croyais avoir satisfait à toutes les exigences.

Que signifiait donc cette demande qui m'avait été faite le 22 novembre au sujet de la réduction de mes avantages? Cachait-elle une arrière-pensée et était-ce un nouveau piége où l'on voulait faire tomber ma bonne foi?

Dans tous les cas, je n'ai rien à me reprocher, et ceux qui m'ont renversé pour se mettre à ma place ne pourront pas justifier ma destitution aux yeux des Actionnaires, en prétendant qu'ils ne voulaient que sauvegarder leurs intérêts, — puisque c'était la conservation de ces intérêts mêmes qui m'avait fait sacrifier les miens dans toutes les circonstances.

J'avais peur d'un coup de tête irréfléchi de la part du Conseil et je voulais l'éviter à tout prix.

Mais quelles étaient donc, allez-vous me dire, les raisons si graves qui poussaient le Conseil d'Administration à se défaire de vous?

Ces raisons sont multiples et nous allons les examiner tour à tour.

J'ai dit plus haut que je m'étais trouvé à plusieurs reprises en contradiction avec le Conseil sur différents problèmes à résoudre dans le sens le plus favorable à la Compagnie. Parmi les questions qui furent débattues entre les Mandataires délégués et moi, et sur lesquelles nous ne tombâmes jamais d'accord, il en est une capitale que je tiens à vous soumettre dès à présent.

Dans toutes mes circulaires, j'avais pris l'engagement devant mes Actionnaires de ne jamais consentir, tant que je serais Directeur, à ce qu'un appel de fonds eût lieu.

Dès les premiers jours, les Mandataires délégués du Conseil trouvèrent le Capital de la Compagnie trop petit pour faire face aux risques à assumer. Ils me déclarèrent que la Société allait se trouver sous peu dans l'obligation de faire un nouvel appel de fonds aux Actionnaires.

Je protestai à l'avance contre une pareille intention, qui engageait avant tout ma responsabilité et me donnait une sorte de démenti aux yeux de mes Souscripteurs.

De là conflit. Pour éviter au Conseil de prendre une telle mesure, je lui soumis un projet verbal que je tenais prêt, pour arriver à une augmentation du Capital sans obérer davantage les premiers Actionnaires.

Parmi les Souscripteurs de la Branche Incendie, j'en avais obtenu quelques-uns en dehors de la circonscription, à Tours par exemple, à Poitiers, qui n'avaient consenti à prêter leur concours pécunier à la Compagnie que dans l'espoir de voir leurs départements entrer dans la circonscription élargie de l'*Ouest*.

La sympathie que j'avais rencontrée dans les départements limitrophes m'avait convaincu que l'on pouvait avec certitude doubler le Capital social en englobant dans la Compagnie les cinq départements d'Indre-et-Loire, de la Vienne, des Deux-Sèvres et des Deux-Charentes, car plus le rayon dans lequel opère une Compagnie d'Assurances est grand, plus les opérations se multiplient. Nous gagnions avec ce système d'annexion de nouveaux soutiens, de nouveaux concours, et une Compagnie n'en a jamais trop à ses débuts.

Le Conseil repoussa cette proposition, se retranchant derrière l'appel de fonds qui était sa manière de voir.

Un autre conflit éclata entre le Conseil et moi au sujet de la participation des 50 % dans le bénéfice attribué aux Assurés.

L'article 10 des Statuts est formel à cet égard, je ne faisais donc que le respecter en voulant l'appliquer.

Ces Messieurs me reprochèrent de donner aux Assurés une trop grande part dans les bénéfices. Je leur fis observer que cet article des Statuts avait sa raison d'être en ce sens qu'il devait tout naturellement nous créer un portefeuille important dans un délai très-rapproché.

Il est clair, en effet, que la Compagnie de l'*Ouest* doit offrir certains avantages à ses Assurés, car elle ne saurait avoir la prétention de présenter à ses débuts des garanties aussi réelles que les grandes Compagnies qui fonctionnent depuis cinquante ans et qui possèdent des millions de réserve. C'était donc une compensation que je désirais offrir aux Assurés en leur promettant 50 % dans les bénéfices nets annuels de la Compagnie.

J'avais, le 8 novembre, invité les Inspecteurs dont j'avais obtenu la nomination, à se rendre du Mans et d'Angers au Siége social pour les présenter au Conseil et leur faire faire un stage de quelques jours, afin de les mettre au courant de leur service. Ces Inspecteurs ont passé cinq jours à Nantes et sont repartis avec la promesse de recevoir à leur arrivée des ordres de voyage dans le but d'organiser des Directeurs divisionnaires dans les cantons de leur circonscription.

Avec leur appui, j'espérais réunir dans l'espace de quelques semaines une centaine de Directeurs divisionnaires qui pourraient réaliser chacun une dizaine de polices par mois — ce qui nous assurait un chiffre de 12,000 polices au moins pour la première année. Malgré la promesse que m'avaient faite MM. Léquyer et Lebeaupin de mettre les Inspecteurs en voyage, j'ai le regret de constater que ce n'est qu'en janvier que deux Inspecteurs ont été déplacés.

Dans les Statuts, article 46, il était dit qu'il serait dressé chaque mois un inventaire estimatif de l'actif et du passif de la Société, et que chaque mois un état de la situation de la Compagnie serait publié dans un des journaux reconnus pour les annonces légales.

Le but que je me proposais en rédigeant cet article, c'était d'empêcher une administration de s'endormir sur les premiers résultats obtenus, de stimuler son zèle, afin de lui éviter l'affront qui résulterait pour elle d'un mois complétement négatif.

Le premier inventaire n'a été publié que le 10 février 1876, pour un exercice de trois mois.

Cet inventaire me paraît tellement incompréhensible que j'engage Messieurs les Actionnaires à se le faire expliquer. En effet, si la société a réalisé dans l'espace de trois mois un chiffre de 18,728,950 fr., ainsi que l'atteste l'inventaire publié par les Administrateurs, c'est un résultat magnifique, extraordinaire.

Mais si elle n'a touché que 1,022 fr. 69 pour la prime de première année, il a fallu qu'elle assure à 0 fr. 05 c. 1/3 par mille francs assurés. C'est une réduction tellement formidable sur les tarifs établis par les grandes Compagnies et sur ceux que j'ai établis moi-même, que cette application me donnerait des craintes sérieuses pour l'avenir de la Compagnie l'*Ouest* Incendie.

Il est donc utile que les Actionnaires soient renseignés complètement et loyalement sur ce premier inventaire.

Il me paraissait indispensable de convoquer le plus rapidement possible les Actionnaires en Assemblée générale, pour soumettre à leur appréciation les modifications à apporter aux statuts, et leur faire ratifier le projet que je nourrissais, d'augmenter la circonscription de la Compagnie.

Cette proposition fut écartée par les Administrateurs délégués.

Je viens de passer en revue, d'une manière rapide, certains différends qui pourraient bien être autant de raisons de ma destitution.

Il est encore un autre motif que le Conseil fait valoir ; c'est celui de l'économie, et de fait, si on se reporte à la séance où l'on m'avait fait accepter en principe la réduction de mes avantages, on serait tenté de croire que cette raison était bien celle qui préoccupait le Conseil, quand il m'a destitué.

Voyons donc ce que cette raison d'économie a de fondé.

Le Conseil m'avait alloué quinze mille francs d'appointements par an.

Cette somme peut paraître lourde aux personnes qui ne savent pas tous les frais qui incombent à un Directeur d'une grande Compagnie. — Il n'est pas de Directeur de grande Administration, à Nantes, qui ne reçoive en dehors de ses appointements, une somme de dix à douze mille francs, à titre de frais de représentation. Or, dans le chiffre de quinze mille francs qui m'était alloué, on remarquera que les frais de représentation étaient compris.

Le Conseil d'Administration aurait-il eu la prétention de faire croire aux Actionnaires qu'il réalisait, en supprimant ma charge, une économie de quinze mille francs? Si son intention était celle-ci, il ne me sera pas difficile de montrer ce qu'elle a de puérile.

Une grande Compagnie ne peut se passer de Directeur, et quel que soit l'homme que l'on choisisse pour tenir les rênes de la Direction, il faudra le payer.

Le chiffre de ses appointements viendra forcément en déduction des 15,000 francs qui forment le capital de l'économie qu'on a voulu réaliser.

Puisque les Administrateurs étaient piqués d'un si beau zèle, je me permettrai de leur demander pourquoi ils n'ont pas commencé par eux-mêmes. Ils en avaient pourtant une belle occasion.

L'article 55 des Statuts alloue aux Administrateurs 20 °/o des bénéfices nets annuels pour être répartis entre eux à titre de jeton de présence et de rémunération supplémentaire à l'Administrateur délégué.

Ces 20 °/o auraient-ils donc paru aléatoires à M. le Président et à M. le Secrétaire du Conseil, qui ont jugé à propos de s'allouer chacun cinq francs par jour à titre de jetons de présence. La chose a l'air d'une plaisanterie et c'est pourtant un fait avéré contre lequel crie l'article 55 précité.

Première économie.

J'ai dit que, pendant mon séjour à Paris, j'étais chargé par le Conseil de faire l'achat d'un coffre-fort à triple serrure pour y enfermer toutes les valeurs et les titres de la Société.

Une commission fut nommée par le Conseil pour prendre possession des trois clefs sans le secours desquelles il était impossible à une seule personne, même à deux, d'ouvrir ou de fermer la caisse. Cette commission a été composée de MM. Léquyer, président; Riom, vice-président, et Lebeaupin, secrétaire.

La caisse arrive à Nantes ; vous pensez qu'on y va enfermer de suite les valeurs de la Compagnie. Détrompez-vous. Trois jours avant l'arrivée de la caisse, le Conseil, ne sachant où déposer les titres représentant un capital d'environ Deux Cent Mille francs, et ne voulant pas accepter mon coffre-fort à secret que je mettais à sa disposition avec les clefs, le Conseil trouvait meilleur de déposer ces titres au Comptoir d'Escompte, pour le délai d'une année, moyennant une commission de quatre-vingt-deux francs.

Si l'on songe que la caisse avait coûté 1,215 francs, représentant un intérêt à 5 % de 60, 75, on s'apercevra que l'intérêt annuel de cette caisse augmentée des quatre-vingt-deux francs de dépôt au Comptoir d'Escompte, représente un capital aliéné de deux mille huit cent cinquante-cinq francs.

Autre économie.

La prime accordée à nos Directeurs divisionnaires est de 35 % pour la première année. M. Warneck apporte un jour à la Compagnie une assurance de 180,000 francs, portant sur deux risques différents.

La Compagnie, n'acceptant que 80,000 francs sur cette assurance, me charge de faire la co-assurance des 100,000 francs restant, avec un agent général de Nantes, représentant une des premières Compagnies de Paris. Je fis consentir à cet agent l'abandon de 80 % sur la première prime annuelle, et de 10 % sur chaque prime des neuf années suivantes au bénéfice de la Compagnie, ce qui faisait en totalité 170 % sur la durée de l'Assurance.

Je fis part de ce résultat à M. Léquyer, qui me demanda comment j'entendais régler la prime due à M. Warneck; je lui répondis que le règlement en était parfaitement défini et qu'il lui était dû 35 % sur la première prime annuelle, d'après les conventions de notre traité. M. Léquyer me dit qu'il ne pouvait accorder 35 %, puisqu'il ne touchait que 80 %, et comme je lui faisais observer que nous n'avions pas à faire connaître le chiffre de 80 % que nous recevions; qu'en réalité il nous restait un bénéfice de 45 %, ce qui était très-raisonnable, il ne voulut pas entendre raison et m'obséda pendant trois jours pour ne payer à M. Warneck que 35 % sur 80 %. Enfin, voyant que je ne voulais pas céder sur un point qui allait nous discréditer aux yeux de notre représentant, il fit la jolie découverte qui suit : Obtenez, me disait-il, de l'agent général de la Compagnie Parisienne, le remise de la prime de la première année, soit 100 %, et abandonnez-lui les 10 % qui nous reviennent sur chacune des neuf années suivantes; de la sorte nous pourrons légalement payer 35 % sur 100 %.

J'avoue que cette combinaison m'a abasourdi. Mais que pouvais-je faire devant une pareille obstination ?

Je ne pouvais que protester : c'est ce que je fis de toutes mes forces.

Que diriez-vous d'un fils de famille qui, pour toucher de suite vingt mille francs, abandonnerait aux mains d'un prêteur une rente annuelle de dix mille francs qu'il devrait toucher pendant neuf ans?

Vous le traiteriez de dissipateur.

C'est pourtant ce qu'a fait M. Léquyer, à la plus grande satisfaction de l'agent général, avec lequel j'avais passé le traité primitif qui accordait à la Compagnie de *l'Ouest* une remise de 170 % des primes à encaisser en dix ans.

Si M. Léquyer avait eu la moindre notion du principe qui régit les Assurances, il aurait été convaincu que sa manière d'opérer est en contradiction flagrante avec celle des grandes Compagnies, qui n'hésitent pas à abandonner jusqu'aux deux premières années de primes à leurs agents pour avoir à toucher la prime des huit années suivantes.

Cette manière d'entendre l'Assurance, inaugurée par M. Léquyer, me rappelle ce vieux dicton, justifié tant de fois : *A chacun son métier!* (Florian.)

L'Assurance en effet n'est qu'une capitalisation et l'on n'a jamais vu sacrifier le capital à l'intérêt.

Il est bon de remarquer que, du 20 septembre, jour de ma nomination comme directeur de la Compagnie, au 16 octobre, jour de mon départ pour Paris, le plus complet accord n'avait cessé d'exister entre le Conseil d'Administration et moi; il est vrai que dans les réunions nous nous étions passés jusque-là du concours du Conseil judiciaire. Ce n'est que le 8 novembre que le Conseil judiciaire, convoqué par les Administrateurs, fit son apparition dans la salle des délibérations; le premier acte de son esprit de conciliation fut de provoquer la résolution de ma *première* révocation.

Dans toutes les Compagnies d'Assurances la mission du Conseil judiciaire est toute pacifique et n'a d'autre but que d'aller au devant des procès pour les éviter. Il est vrai que ces Conseils n'ont pas la double mission d'entourer de leurs avis le Conseil d'Administration et de suivre eux-mêmes les affaires de la Compagnie devant les tribunaux.

C'est pourtant ce double rôle que remplit le Conseil judiciaire de la Compagnie l'Ouest.

A la suite de cette destitution, il était de mon devoir d'intenter une action au Conseil d'Administration; d'abord je ne pouvais rester sous le coup d'une révocation qui pouvait, aux yeux des Actionnaires, donner lieu aux suppositions les plus graves. Ensuite le Conseil d'Administration m'avait retenu sur ma commission une somme de 4,000 fr. pour l'attribuer au paiement de certains frais que je ne dois pas payer, et s'était refusé à me rembourser 1,398 fr. que je lui avait prêtés à titre d'avances. L'intérêt des personnes qui m'avaient fait les fonds pour me permettre de constituer la Compagnie était donc en jeu. Je ne voulais non plus faire, par mon silence, qu'on pût se demander quel crime j'avais commis pour être chassé si brusquement, après une aussi courte gestion, d'une Société que j'avais créée.

J'aurais eu l'air d'avoir peur de la justice. Comme on ne me donnait aucun motif, je voulais forcer le Conseil à s'expliquer devant le tribunal, afin de savoir si mon honorabilité était ou non en cause. M. Bruneteau s'est empressé de me satisfaire sur ce point, et pour me donner la preuve que mon honorabilité n'avait point été visée dans cette révocation, il a dit que le Conseil m'avait laissé le local que j'occupe au siége social, jusqu'au jour fixé par les fondateurs, pour la réalisation du capital de la branche Vie.

On pourra me reprocher d'avoir voulu exploiter à mon profit la situation, en demandant au tribunal une indemnité pour le tort que me causait ma révocation. Je n'ai qu'un mot à répondre là-dessus. Je ne pouvais baser ma poursuite que sur une demande de dommages-intérêts et sur la restitution des sommes qui étaient légitimement dues par le Conseil à ma participation. Si donc j'avais obtenu sur ce chef gain de cause, mon intention n'a jamais été d'encaisser la somme qui m'aurait été allouée. Je l'aurais tout simplement fait figurer à l'actif de ma participation, comme je l'ai fait pour les vingt-cinq jours d'indemnité que le Conseil m'avait accordés. Mon conseil judiciaire pourrait témoigner de la vérité de cette assertion.

L'avocat de la Compagnie, M. Bruneteau, m'a accusé, entre autres choses, d'avoir voulu ruiner la société en demandant quarante employés à l'administration intérieure.

Je ne puis comprendre qu'un avocat qui se respecte se serve de tels moyens devant un tribunal, quand le procès-verbal du 20 novembre, qu'il a lu et relu, pour discuter les termes de ma nomination, constate que je n'ai demandé au Conseil que 11 employés dans l'ordre et aux appointements qui suivent :

1	Secrétaire général	3.000 fr.
1	Chef de bureau	3.000
1	Chef de rédaction des polices	1.800
3	Inspecteurs à 1.200 fr. l'un	3.600
1	Employé	1.200
4	Employés à 900 fr. l'un	3 600
Soit 11	Soit	16.200

Onze employés au lieu de quarante ! Vous voyez l'exagération. Le Secrétaire général n'ayant pas accepté sa nomination, voici approximativement le total des frais annuels que j'ai soumis à l'approbation du Conseil d'Administration.

Loyer	3.500
Impositions et patente	2.500
APPOINTEMENTS.	
MM. Le Directeur	15.000
Lemercier	3.000
De Kerpel	2.000
Auriault	1.200
Agaisse	900
Métayer	900
Hillereau	900
Al. Lefebvre	900
INSPECTEURS.	
MM. Warneck	1.200
Guillou	1.200
Yance	1.200
CONCIERGE ET GARÇON DE BUREAU.	
M. Bourdillat	900
Chauffage et éclairage	500
Indemnité de voyage aux Administrateurs résidant hors Nantes	500
Indemnité de voyage aux Inspecteurs, à 10 fr. par jour, soit pour 540 jours	5.400
Voyage des Inspecteurs. 3 600 kil. à 0 fr. 15 c.	540
Publicité et faux frais	7.760
Total	50.000

Le tableau ci-dessus contient l'exacte vérité. J'ai parfaitement fait connaître au Conseil d'Administration que les frais annuels devaient s'élever à cinquante mille francs ; mais j'ai ajouté que, désireux de voir non-seulement ces frais comblés, mais encore les actionnaires toucher un revenu d'au moins 6 % pour la première année, je les priai de prendre en considération l'exposé ci-contre, dont l'application me permettrait d'arriver à ce résultat.

Population agglomérée des 22 principales villes de la circonscription de l'Ouest où l'escompte-assurance peut être appliqué avec succès.

	Habitants.
Loire-Inférieure.	
Nantes	106.287
Saint-Nazaire	11.498
Côtes-du-Nord.	
Saint-Brieuc	10.718
Finistère.	
Quimper	11.202
Brest	50.883
Morlaix	11.536
Ille-et-Vilaine.	
Rennes	40.127
Fougères	9.805
Saint-Malo	8.700
Saint-Servan	9.491
Morbihan.	
Vannes	11.449
Lorient	24.088
Report	305.784
A reporter	305.784
Maine-et-Loire.	
Angers	51.525
Cholet	11.328
Saumur	11.028
Mayenne.	
Laval	22.113
Mayenne	8.227
Sarthe.	
Le Mans	39.548
La Flèche	6.542
Vendée.	
Roche-sur-Yon	7.110
Les Sables	7.925
Fontenay-le-Comte	6.129
TOTAL	477.259

Chaque famille se composant en moyenne de 4 personnes, les villes désignées ci-dessus comprennent donc 119,532 familles.

En supposant seulement 34,246 familles venant à l'escompte et faisant une dépense journalière d'un franc, le montant des acquisitions annuelles serait de 12,500,000 fr., laquelle somme, escomptée à 4 %, produit un escompte de.. 500,000 fr.

Répartition de cet escompte.

50 %	à convertir en assurances	250,000
10 %	pour délivrer aux commerçants des contrats d'assurances, pour les indemniser de l'escompte consenti	50,000
10 %	pour l'Orphelinat	50,000
20 %	pour frais généraux d'escompte	100,000
10 %	de bénéfice net à la Compagnie l'Ouest	50,000
	TOTAL....... F.	500,000

Il résulte, par conséquent, des données ci-dessus, que les 50,000 fr. de bénéfice net produit par l'escompte-assurance payeraient les frais généraux de la Compagnie *l'Ouest*.

De plus, les 20 % attribués aux frais généraux de l'escompte s'élevant à 100,000 francs, il est plus que probable que la moitié de cette somme suffirait amplement à ces frais généraux d'escompte, et que l'autre moitié, soit 50,000 francs, formerait un bénéfice supplémentaire pour la Compagnie *l'Ouest*. Ces 50,000 francs seraient ainsi répartis :

60 % aux actions de *l'Ouest*..........................	30.000 fr.
soit 7 fr. 50 par action, soit 6 % du capital versé.	
20 % au Conseil d'Administration........................	10.000 fr.
soit 833 fr. par chaque Administrateur.	
20 % au fonds de réserve..............................	10.000 fr.
TOTAL... F.	50.000

Le dividende annuel à répartir aux actionnaires se composerait donc comme suit :

1° Sur le produit de l'escompte..........................	6 %
2° De l'intérêt des fonds placés..........................	2 %
3° Du bénéfice des Assurances ordinaires. (Mémoire)......	»

Vous voyez, Monsieur, que mon espoir était de donner la première année aux actionnaires 6 % au moins par le produit seul de l'Escompte-Assurance et 2 % au moins comme intérêt du capital placé : soit 8 %, augmentés du produit provenant des Assurances que je ne cite que pour mémoire.

Pour arriver à un tel résultat que fallait-il? Il fallait le dévouement du Conseil d'Administration auquel je faisais appel. C'était son devoir de m'aider de son intelligence et de ses efforts. Mais il aimait mieux prêter l'oreille aux suggestions de quelques meneurs qui ne voyaient dans la Direction qu'une place à prendre, et qui, sans jamais avoir étudié mon système d'Escompte-Assurance, s'empressaient de le traiter d'utopie.

Vous croyez-vous donc plus forts, Messieurs les Administrateurs, que les cent vingt ecclésiastiques, Sa Grandeur Monseigneur l'Évêque de Nantes en tête, qui n'ont souscrit qu'en vue de l'amélioration que l'Escompte-Assurance allait apporter dans l'état de la classe ouvrière?

Vous croyez-vous donc plus forts que ce nombre considérable d'actionnaires qui s'attendaient, en souscrivant, à ce que vous fassiez l'essai loyal de ce grand problème de prévoyance sociale qui garantit au travailleur une ressource dans sa vieillesse, et à sa femme et à ses enfants un héritage, s'il vient à mourir prématurément?

Vous croyez-vous plus forts enfin, que la progressiste Angleterre, qui, pendant que vous le condamnez en France, s'empare de mon système, et l'applique, à la satisfaction générale de la ville de Londres, et qui voit ses lords, ses gentlemens, ses ecclésiastiques et ses notables commerçants, se placer en tête de cette grande rénovation sociale?

Avouez que vous êtes bien prétentieux!

M. Bruneteau m'a accusé d'avoir fait aux Actionnaires des promesses fallacieuses en leur promettant 10 % sur les polices d'assurances qu'ils apporteraient à la Compagnie.

L'article 50 des Statuts porte que M. Lefebvre fera cession, à titre gracieux à la Société, d'un système d'organisation et de combinaison dont il est l'auteur, pour l'étendue de sa circonscription, réservant la dénomination et les mêmes avantages pour les départements français non dénommés dans lesdits Statuts.

La commission de 10 % que j'alloue aux actionnaires sur les affaires apportées à la Compagnie soit par eux-mêmes, soit par leurs amis, fait partie de mon système d'organisation. Nous l'avons accordée aux actionnaires de l'*Alliance des départements* et personne ne s'en est plaint, au contraire. Les millionnaires de la place du Havre ne se sont pas fait scrupule de bénéficier de cette commission et de rentrer ainsi dans les sommes versées sur leurs actions. Ils se trouvent donc aujourd'hui à la tête d'actions qui ne leur coûtent plus un centime.

Cette commission allouée aux actionnaires n'est pas une charge pour la Compagnie. — C'est elle au contraire qui en profite. — Elle est prélevée sur la prime allouée aux Directeurs divisionnaires, qui se trouvent immédiatement posséder dans les actionnaires un nombreux personnel de représentants, qu'ils passeraient leur existence à chercher vainement par le système ordinaire.

J'ai voulu en fournir une preuve éclatante en faisant payer aux actionnaires qui nous ont confié leurs polices avant la constitution de la Société, une commission de 10 %, par les agents des Compagnies Parisiennes, auxquels je passais ces assurances.

Si Messieurs les Administrateurs délégués, auxquels j'avais soumis ce système d'organisation, n'avaient pas agi de parti pris en repoussant tout ce que je proposais, voire même le traité aux Directeurs divisionnaires, ils auraient, dans leur traité, obligé les Directeurs divisionnaires à accorder une remise de 10 % aux actionnaires sur leurs polices d'assurances ou sur celles de leurs amis, et par ce fait, la Compagnie posséderait aujourd'hui un portefeuille considérable.

Car, en supposant que chaque actionnaire apporte à la Compagnie dix polices par année, ce serait un résultat de 12,740 polices annuelles, en dehors de celles que pourraient réaliser les 340 agents que je voulais faire nommer dans chacun des 340 cantons de la circonscription.

Tel est l'exposé consciencieux de la situation de la Compagnie que j'ai tenu à vous faire. Il est toujours bon de mettre en lumière certains points qui pourraient paraître obscurs.

Partout où j'ai passé, partout où j'ai fait acte d'organisateur, j'ai recueilli des témoignages de sympathie qui me consolent aujourd'hui des épreuves cruelles que l'on m'a fait subir.

Je suis heureux de reproduire ici, pour mémoire, l'exposé présenté aux Actionnaires de l'*Alliance des Départements,* par Messieurs les fondateurs à l'Assemblée générale du 19 septembre 1866 :

« Il y a dix mois environ, M. J. Lefebvre, qui était étranger à notre ville, nous fut présenté par des personnes honorables, et nous exposa que, s'étant depuis longues années occupé d'Assurances sur la Vie et contre l'Incendie, il avait combiné, dans le système de ces Assurances, appliqué tant en France qu'à l'étranger, des améliorations, des innovations importantes, dont le résultat serait de populariser de plus en plus ces institutions de prévoyance sociale, jusqu'à les universaliser par une combinaison nouvelle, impliquant le principe de la gratuité de l'Assurance.

» D'autre part, M. Lefebvre, en mettant sous nos yeux les comptes rendus des Compagnies Françaises d'Assurances sur la *Vie* et contre l'Incendie, nous fit remarquer que les magnifiques dividendes annuels, donnés par ces Compagnies à leurs Actionnaires, se trouvaient absorbés par un petit nombre de grands capitalistes parisiens, détenteurs des actions de ces Compagnies, et qui se gardaient bien de s'en dessaisir ; et il nous demanda si nous ne regarderions pas comme une chose juste, utile, patriotique même, d'appeler les capitaux des départements à participer aux bénéfices produits par les Assurances, dont les primes sont payées par les départements eux-mêmes ; en un mot, si, après avoir décentralisé tant de choses, dans l'Administration et dans l'industrie, il ne conviendrait pas de décentraliser l'Assurance.

» Ces idées étaient trop justes, trop en harmonie avec ce que nous considérons comme le vrai progrès social, pour ne pas recevoir notre sympathique adhésion. Restait à trouver le moyen de les réaliser. Interrogé par nous sur ce point capital, M. Lefebvre nous déclara avec franchise que, riche d'idées, sa richesse s'arrêtait à cette limite.

» Voici alors ce qui fut fait : dix-sept personnes, MM. Marande, Clouet, Testu, Faride, David, Wachter, Hauser, Yébleron, Letellier-Férard, Marquezy, Kollbrunner, Mme Ducrocq, MM. Letourneur, capitaine

Duchesne, Mouttet (Étienne), Mouttet (Paul) et Gellée, se réunirent, souscrivirent vingt parts de cinq mille francs chacune, et formèrent ainsi une participation de cent mille francs. Cela fait, elles dirent à M. Lefebvre : « Marchez ! et fondez l'*Alliance des Départements ;* si vous réussissez, vous nous donnerez une part dans les bénéfices qui vous reviendront légitimement ; si vous échouez, vous aurez perdu votre temps, et nous, notre argent. »

» Négociants havrais, pour la plus part d'entre nous, nous avons traité cette affaire comme les affaires se traitent sur la place du Havre. Or, le Havre a dans le monde une réputation de rondeur et de loyauté, que nous tenons, avant tout et par dessus tout, à lui conserver.

» Après avoir fourni à M. Lefebvre les moyens financiers pour organiser l'*Alliance des Départements,* nous ne pouvions pas lui refuser notre concours dans la souscription des Actions ; aussi, nous empressâmes-nous de nous inscrire, tous ou presque tous, sur la liste des Actionnaires de la nouvelle Compagnie.

» L'organisation d'une Compagnie au capital de deux millions de francs, à une époque de crise commerciale comme celle que nous venons de traverser, et alors qu'on s'interdit de recourir au concours, toujours si chèrement payé, de la haute finance parisienne, n'est pas une petite affaire ni une affaire qui se fasse toute seule. Il a fallu à notre organisateur et aux coopérateurs qu'il s'est adjoints une forte dose d'énergie, d'esprit de suite, de persévérance, pour mener à bonne fin, et en si peu de temps, une si difficile entreprise. Du reste il faut le reconnaître, rien n'a été négligé pour déterminer et hâter le succès que nous avons à constater aujourd'hui ; on n'a reculé devant aucune dépense utile ; publicité dans les journaux, non-seulement du Havre, mais des principaux centres de la circonscription, comprenant, comme vous savez, cinq départements ; imprimés nombreux, répandus avec profusion, choix d'agents intelligents et dévoués, auxquels on a alloué remises et avantages particuliers ; voyages, correspondances, etc., etc. — M. Lefebvre avait reçu de nous carte blanche pour faire tout ce qu'il y avait à faire, et il s'est acquitté de son mandat à notre entière satisfaction. Votre présence ici, Messieurs, prouve qu'il a réussi. »

Suivent les signatures des Fondateurs :

Messieurs Charles-François-Ernest Marande ; Jean-Baptiste-Louis Yébleron ; Jacques Hauser ; Jules-Antoine-César-Frédéric Clouet ; Jean-Baptiste Faride ; Jean Kolbrunner ; Charles-Alexandre Wachter.

Ces paroles se trouvent corroborées par le discours que prononçait M. Morin, président des Fondateurs, à l'Assemblée générale des Actionnaires de la Compagnie l'*Ouest*.

Après avoir rendu justice à l'énergie et à l'intelligence que j'avais déployées dans l'organisation de la société, M. Morin ajoutait : « Il ne nous appartient pas de faire l'éloge de M. Jules Lefebvre, véritable créateur et organisateur des Sociétés d'Assurances l'*Ouest*. Ceux d'entre vous qui ont eu des rapports directs avec lui ont pu juger de son intelligence, de sa droiture et surtout de la persévérance qu'il lui a fallu déployer pour conduire la souscription à bonne fin, résoudre les difficultés qu'il a rencontrées sur sa route, et déjouer les manœuvres malveillantes dirigées contre lui et contre l'œuvre.

» Toutefois, au moment de déposer notre mandat, et sans vouloir en rien influencer les décisions du Conseil d'Administration que vous allez nommer, nous croyons devoir vous dire qu'en raison de sa profonde connaissance du mécanisme des assurances, des nombreuses relations établies par lui dans les localités qu'il a visitées, et où il a recueilli des souscriptions; qu'en raison, enfin, de ses capacités administratives et de son exceptionnelle activité, Monsieur Lefebvre nous paraît digne en tous points de remplir avantageusement pour la Compagnie les hautes et difficiles fonctions de Directeur mandataire du Conseil d'Administration. »

Après ce double hommage rendu à mon humble personne au Havre et à Nantes, que pourrais-je ajouter ? J'ai voulu vous montrer le danger qui menaçait les intérêts de la Compagnie.

C'était non-seulement mon droit, mais encore mon devoir.

En terminant, je ne saurais trop insister auprès de vous pour vous faire comprendre la nécessité qui s'impose à la Compagnie de pourvoir sans retard à la nomination d'un Directeur. La Compagnie ne saurait rester plus longtemps entre des mains inexpérimentées, sans courir les plus grands dangers. Il importe donc qu'on fasse choix d'un homme du métier, rompu aux affaires d'assurances, qui soit non-seulement Directeur, mais encore organisateur; afin qu'il puisse, dans un moment où tout est à créer, se porter lui-même dans les centres difficiles et faciliter aux agents leur tâche, tout en faisant leur éducation.

Le seul moyen qui me semble pratique pour arriver à ce résultat est une assemblée générale, dans laquelle les actionnaires mettraient le Conseil d'Administration en demeure de s'expliquer sur sa gestion, et de faire connaître ses vues à venir.

Cette assemblée générale, vous avez le droit de la provoquer immédiatement. Si le Conseil d'Administration vous le refuse, l'article 33 de la loi sur les sociétés autorise les commissaires à convoquer sur leur demande les actionnaires en réunion générale. En dehors de la question de Direction, il est certains articles des Statuts qui doivent être modifiés dans l'intérêt de la Compagnie, et toute modification à apporter aux Statuts de la Société doit être soumise aux actionnaires pour être approuvée par eux.

J. LEFEBVRE,
Organisateur des Compagnies d'Assurances *l'Ouest.*

Nantes, 12 bis, rue Mondésir, 20 mars 1876.

M. Bruneteau m'a accusé en plein tribunal d'incapacité, déclarant que je ne savais même pas rédiger une police. D'après lui, ce serait le motif qui aurait déterminé les administrateurs à me révoquer.

Je ne veux pas me défendre contre une pareille accusation.

M. Bruneteau, pour trouver des preuves de mon impuissance, est allé fouiller dans ma vie privée, insultant ce que j'ai de plus cher au monde. Ma vie, selon lui, est entourée de mystère.

Comme je ne veux pas faire mystère de ma vie aux actionnaires qui m'ont témoigné tant de confiance, je leur envoie à tous ma biographie. Ils y trouveront tout au long mes états de service.

NOTA. — *Je ne saurais trop engager les Actionnaires à souscrire au capital de la Compagnie d'assurances* Vie, *afin, comme je le leur disais dans ma dernière circulaire du 4 courant, de diminuer les frais généraux des deux branches* Incendie *et* Vie, *et de pouvoir, en assemblée générale, s'entendre et se concerter sur la meilleure marche à donner aux deux Compagnies.*

Nantes. — Imp. Vincent Forest et Émile Grimaud, place du Commerce, 4.

www.ingramcontent.com/pod-product-compliance
Ingram Content Group UK Ltd.
Pitfield, Milton Keynes, MK11 3LW, UK
UKHW020537230726
13925UKWH00005B/2329

9 782014 029642